¿DE QUÉ DEBERÍA TRATAR ESTE LIBRO?

Colee Regelman

Author League

Inspira el pensamiento crítico, la creatividad, la colaboración y la comunicación.

Books@AuthorLeague.com

Quiero escribir un libro, pero no sé ¡de qué debería tratar!

¿Debería ser sobre una abeja?

¿O tal vez sobre una mariposa?

¿Qué tal un coche?

¡Se me ocurrió una idea!
¡Usaremos los tres—
porque tengo tres años!

La abeja y la mariposa entran en un coche.
Las ventanas son brillantes y claras.
El sol hace que parezca que están afuera.

¡Oh, no! Están atrapadas dentro del coche.
Preguntan: "¿A dónde vamos?"

La mariposa tiene miedo.
"No te preocupes," dice la abeja.
"Te ayudaré a encontrar el camino."

De repente, la puerta del coche se abre.
Y salen volando.
¡Bzzz, bzzz! ¡Flutter, flutter!
"¡Vamos a mi colmena para una dulce sorpresa!"
dice la abeja.

Llegan a la colmena y prueban la miel.
Es dulce, pegajosa y ¡tan deliciosa!

Todo está perfecto.

Tú también puedes escribir tu propia historia.
¡Sé tú mismo!

Author League

Publicado por Author League, ISBN: 978-1-63971-757-6, Atribuciones de fotos: CanvaPro, Copyright © 2024 Author League. Todos los derechos reservados. Ninguna parte de esta publicación puede ser reproducida o utilizada en ninguna forma ni por ningún medio sin el permiso por escrito del editor.

www.ingramcontent.com/pod-product-compliance
Lightning Source LLC
Chambersburg PA
CBHW041525070526
44585CB00002B/88